U0060351

幸福，從心而起～

心三綱

幸 福 家 庭 記 事 錄

Wisdom, Happy family notes

理心光明禪師
天音傳真 著作

目錄 CONTENTS

目錄 CONTENTS

目錄 CONTENTS

為何要有綱常倫理

「綱者」，總領也，是指統領一切規制，就是主要條例！

人道世界是一個群居的社會，自古以來，就有制定條綱來加以施行；人類眾生在此人道世界中生活，就有共同的責任、權利、義務，來維護這個群體生活的條綱與規矩。

人道世界的行為，若是無綱常之建構，就沒有辦法施行管理規章；人類眾生為何要有管理規章及制度？因為人類乃萬物之靈長也，其所行所為皆要符合「人性的規範」。

這些道德規範，在人類行為產生偏差之時，就必須要接受懲罰，對一些

不守法之人，限制其人身的自由以作警惕與教化，莫使下次再犯錯誤，這就是「警惕與教化」的最主要功用。

給予不守法之人，有刻骨銘心的懲罰及了知，亦給守法者有所警惕。

如此，對人類眾生而言，「綱常倫理」可約制不守法者的行為動作。因為人類眾生在此人道世界中會有相互影響的行為作用，所以必要落實在生活中，才能夠約制一些人的不良行徑，而使整個社稷達至安定與祥和之生活。

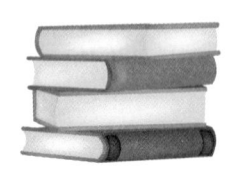

LOVE
心言新語

「綱常倫理」落實在生活中，
才是「從心而起」的幸福守則！

_____

_____

_____

_____

_____

_____

_____

_____

_____

_____

_____

_____

為何要修整舊三綱

綱常是以「三綱、五常、四維、八德」為建構，而舊三綱「君為臣綱、父為子綱、夫為妻綱」，乃是古代的綱常規制。

在古昔帝制及父權之時代，此綱常維繫我中華文化五千餘年而不墜，並創造無數次「堯風舜日」之世代。

然而，自民主時代以來，科技進化，日新月異，世界邁入地球村之後，歐風東漸，歐美風潮席捲全球，崇尚自由、民主，雖有博愛之精神，卻少有倫理道德之規制，故由部分有心之士曲解、方便行事，致使世風日下，道德淪喪，而男不忠良、女不堅貞及忤逆悖理

之事，更是層出不窮。

　　上天有睹於此，甚以為憂，尤其在此科技文明一日千里之世代，人心若無道德倫理之約束，萬一失控，將造成人類及芸芸蒼生萬劫不復之災殃啊！

　　現今已進入一切嶄新的世代，男女平權，古代帝制的道德公論，已難以符合現今世代來適用。

　　雖然古代帝制同當今世代已經不同，但其背後之思惟過程及建構皆是一樣，就是將綱常倫理的建構認識清楚之後，再作修整，因而有了「君為臣綱」修整為「君臣忠義綱」；「父為子綱」修整為「父母子女綱」；「夫為妻綱」修整為「夫妻和合綱」；這樣的條綱，既符合當今世代的潮流，上天也樂意修整此條綱的規範。

中土炎黃子孫所施行的「五常、四維、八德」，經過長時間的實施，已有部分重疊，亦即四維為「禮、義、廉、恥」，五常為「仁、義、禮、智、信」，八德為「孝、悌、忠、信、禮、義、廉、恥」。

　　當今台疆依「忠、孝、仁、愛、信、義、和、平」之八德，將其全部修整歸納為「孝、悌、忠、信、禮、義、廉、恥、智、仁、勇、和合」，而成此「中心十二德目」來施行了。

　　對過去的不同條綱，如今已由上天於台疆寶島桃園市八德區之「大道真佛心宗教會」重新來下化，經修整、改變為「新條綱」來實施，也就是要讓人類眾生能再次明白「三綱、五常、四維、八德」的新建構。

21世紀是中國（華）人的世紀，
其是以道德引領全世界，而非以槍砲來
統治全世界，故此「新三綱」及「中心
十二德目」的建構，須以台疆寶島為根
據地向外推廣、弘揚，再由中土神州來
施行、發揚之後，進而弘化整個華人世
界，最後再拓展至整個寰宇也。

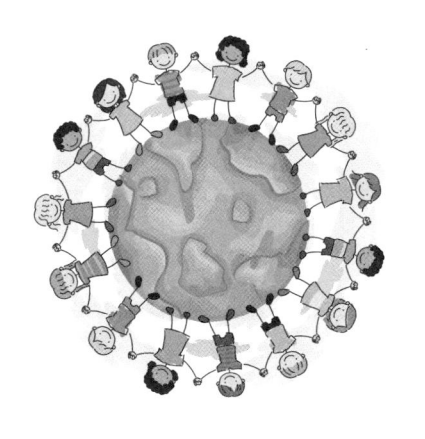

LOVE

心言新語

新三綱：君臣忠義綱、
父母子女綱、夫妻和合綱

LOVE
心言新語

中心十二德目：孝、悌、忠、信、
禮、義、廉、恥、智、仁、勇、和合

「君為臣綱」修整為「君臣忠義綱」

　　「君為臣綱」是古帝制時代的條綱，在每個宗教、團體、單位來施行之時，必須瞭解「君為臣綱」的意義。

　　「君要臣死，臣不得不死」，這是對領導者的絕對遵從，而在一切的行事中，皆以領導者來負責所有成敗的關鍵，如此才以「君為臣綱」作為相互之依持。

　　現今人類，已經不再以古代帝制來作施行了，即今已進入新的時代，當下應該將「君為臣綱」改為「君臣忠義綱」，也就是領導者必須要有義，而下位者就要有忠，才能符合當今時代人類

的生活習慣及風土民情，且更能符合君臣有忠義的精神。

　　要臣來忠於君，必須君先義於臣！

　　而今不論任何單位、團體，若以「君臣忠義綱」來施行的話，也比較符合於當今世代；就是以君為領導者，來發號施令之時，必須對下屬有仁德、博愛及善良、慈悲的作為來照顧下屬，讓下屬的臣子沒有後顧之憂，如此下屬才能夠以忠心耿耿的行為，來回報其忠之作為，才能有盡善盡美的施行也。

　　若以臣來忠於每件所交代的事務，使能符合對團體的整體需求，而對事情來達至圓滿、勝任，這就是「君臣忠義綱」的現今作為，如此也不離開原本三綱的基本精神，這就是在當今世代所必要成全的演化功用。

人道世界正是以領導者及下屬來相輔相成，倘若只有領導而無下屬，又如何將事情做到完美呢？

　　不也！不然，一切事情皆由主事者一人來做之時，那就必須要一身多用，一個人也就要分開很多部分來做事，這不是太累了嗎？必須將所有事情分配給大家，由各個管理階層來負責。

　　古人言：人多好辦事，人多能團結，如此就有一股龐大的力量來向外拓展，也有一種向心力的結合，也讓所有在一起共事的人，宛如家人一般的和諧，這是必要有的基本觀念，也必要如實來造就出這種相互圓滿的成全。

　　此種和諧的行徑，是來自於上司的主事者，在對仁義道德的施行中，不會只在自己的盈餘中來中飽私囊，也不

會只有對自己的荷包來豐厚，而根本都不會分享給其他共事的人，相反的，正是應該下化、平分於所有共事的兄弟姐妹，如此就宛如是自家人一樣的和諧。

但，是否人一多，效率就可以提昇？不一定！必關係到決策者（上位主事）的領導風格是如何！又領導決策者，必須多聞、廣見及邏輯思緒可以暢通。

同時，也要有很多分層負責的人才，共同將一件事情「集思廣益、分工合作」，如此就能有更大的團結力量把它做到圓滿，大家一條心，上下共一力，泥土變黃金，就沒有不能達成的任務及使命了。

主事者仁義待人，從事者忠心耿耿，
上下一心，則事業可成。

老闆（君）與員工（臣）如何保持和諧關係

　　作為一個老闆，你該如何對待你的員工呢？

　　以下兩點值得老闆們借鑒：

　　一則：以「仁義」為本的員工管理；

　　二則：以「和為貴」的人際關係。

　　作為一個員工，你該如何與老闆相處呢？

　　首先：對老闆「忠誠」；

　　其次：對行業敬業；

　　最後：對公司和老闆負責。

　　企業永續經營需要千里馬，而千里

馬更需要伯樂。

許多企業管理的書籍中，總是告訴我們，「企業裡面沒有不可替代的人才」，而這句話也經常掛在一些老闆們的口中，尤其是裁員或者是想要解聘某位員工的時候。

不過，實際上許多的企業，卻也身受「某些人才」的影響，所謂「成也蕭何，敗也蕭何」的狀況更為多見。

因為某個特殊的人物，帶動了整個企業的發展，此乃時有所聞，甚至通常也隨著此人的離開而沒落，也就是說，企業雖然沒有不可替代的人才，但是卻很難找到即時替代的人才，所以，人才管理的重要性可見一般！因此，真正人才出現了，你知所善用嗎？你知道他的存在嗎？

在大家都求才若渴的現實社會裡，更多的是人才出現在你的團隊裡，但卻往往不知道或者不會利用的局面，因為老闆與員工之間往往都有一道跨越不了的鴻溝，雙方無法站在對方的立場思考，也無法體會對方的甘苦，是以，經常出現「何不食肉糜」的狀況，致使人才不被你所用，或者只想混日子。

　　大多數的管理者都會把「以人為本」、「人才是最重要的資產」等口號掛在嘴上，然而實際上卻「以利益為優先」的法則來經營，所以在大多數人才的眼中，不只在專業上有不受重視的感覺，甚至覺得這個管理者怎麼總是言行不一，由此可知，要當一個好的管理者，確實也不容易！

　　「良禽擇木而棲，賢臣擇主而

事」，人才正因為其有過人之處，通常也有恃才傲物的傾向，而且有時候一點點不如意，或者看不過去的狀況，都是他們不如歸去的原因，畢竟對他們來說，選擇多的是，根本不會因為找不到工作而擔心！是以人才的流動率也往往很高。

　　而過於現實的管理者，在他們心目中的形象是有缺陷的。他們通常認為一個好的管理者，應該是「以德服人，德才兼備」之人，除了賺錢之外，還需要負起照顧大家的責任，而不是對一些人、事、物，喚之即來，呼之則去的。

　　上班族在職場上謀得一官半職，多的是為五斗米折腰，能安安穩穩過一生就不錯了；在養家活口、安身立命的同時，又能得心應手，一展抱負，就是人

間美事一樁。

　　但在現實職場上，「一年換二十四個頭家」的上班族隨處可見；而一年一度的職場移民潮也已司空見慣，大家尋尋覓覓的，不外乎就是一個值得託付終身的老闆。

　　一個稱職的老闆，能永遠把員工擺在第一位，平時就能「甘苦共嚐，福禍相依」，經濟復甦時還會厚待員工，這樣的老闆，就是員工心目中的「好老闆」了！

在職場上，工作本身通常都不是問題，
有問題的往往都是「人」的問題。

「父為子綱」修整為
「父母子女綱」

　　如果以「父為子綱」來觀，在當今世代父親的角色，已經漸漸被母親來取代了。過去是父權的時代，如今，父親之絕對威權已不復存在，而是已經變成「母權同父權相互平等」，都是成為子女的榜樣。

　　因為時代不同，時遷法亦遷，這就是父權轉為母權，父母同為子女之綱常倫理，乃是千真萬確的！

　　要瞭解「父為子綱」已經過時了，必須重新來加以檢討、修整，而應該修改為「父母子女綱」才是正確。

當今世代的人類眾生，已經是小家庭制度居大多數，要如何讓父母與子女之間，共同有好的因緣？

人類眾生能否瞭解：在圓滿的家庭生活中，必須有「父母、兒女共同生活在一起」！這份親情倫理，不論任何國度皆是一樣，都是人生父母所養育的兒女，只是膚色不同而已，也都是以綱常倫理來做現代的傳承。

在一個家庭的人倫規制裡，對兒女必要如實負擔一切的管教，才會有良善的後代。

古言：「鼓不打不成響，玉不琢不成器」，如此在人世間就必要明白「身教、言教、管教」的此一要項，所以必須來修改「父為子綱」，將父母的行為示範，做為是兒女的榜樣，也就有了

「父母子女綱」的形成。

這是針對所有當今世代的小家庭，對父母來說，有一種良善示範的身教、言教、管教之後，才會有良好的兒女子孫；也將過去的不足來修整，因為當今的小家庭生活，正是一種趨勢，也難再有宛如過去大家庭的生活了，如此就必要有「父母子女綱」的建構，來照顧全家的生活起居，所以現代人照顧後代也比較辛苦。

如此針對人類眾生在生活當中，就有了父母照顧兒女的必需性，又兒女也要有孝順父母的承擔性，這在人倫當中才有其「長幼有序」的規制，因此，就必要明白：兒女是父母的掌上珠、心頭肉，是你倆夫妻恩愛所產生的結晶，就必要有如實的教導，而不要一昧的溺

愛，不然到時候，如果不是你倆所想要的結局，再後悔也來不及了！

　　同時也必要明白：縱使是因果討報而來，也要在教育與教化當中，來減少不良的示範，甚而使其有更好的化消與圓滿，才是正確也！

父母是子女的榜樣

　　世界的好壞，關鍵在家庭！

　　家庭教育好，子女的前途就光明；家庭教育不好，子女的前途就黑暗；雖然不能一概而論，大致上是差不多的！

　　所以，身為父母的一言一行、一舉一動，都要謹慎，不可隨便；父母的行為不檢，很容易對子女造成不好影響，沒有家教的兒童，將來就會成為社會的敗類、國家的包袱。

　　父母要負起教育的責任，以身作則，做子女的好榜樣，所行所為，光明磊落，捨己為人，有悲天憫人的思想；子女受到薰習，自然成為優良的公民，有助於社會的安定，將來才能成為國家

棟樑之才。

兒童天性模仿大人，在子女心目當中，父母就是他的榜樣；在學生心目當中，老師是他的榜樣，所以一定要做一個好樣子給他看。

你要教孝，你必須自己孝順父母；你要教敬，你必須自己要敬事師長。你要讓他看到這是真的，而不是假的！你教他孝敬，你自己沒有做到孝敬，他是不會相信你的！

現在管教兒女相當不容易，你要是罵他、打他，他可以到警察局去告你，告你什麼？父母虐待兒童！父母還要吃官司，還要犯罪；有些時候他不告，鄰居會告，鄰居看到你管教太嚴格，他不懂得實際狀況，打電話給警察局，狀告這一家的父母虐待兒童，這下麻煩大

了！

　　所以一定要心平氣和，要跟子女講理，必須讓子女心服口服，這一切都是為了子女好。

　　這個社會有善良的一面，也有陰暗的一面，兒童沒有能力來辨別；不但是兒童難辨別，有時我們成年人也難以辨別，所以，家庭的凝聚力很重要。

　　家庭的和睦對小孩成長過程也相當重要，不時舉辦家庭論壇，小孩可以趁此向父母投訴，有什麼地方需要改善？父母應敞開心房，聆聽孩子的聲音，並良性地與他們進行雙向溝通。

　　我們成熟的太慢，卻老得太快，所謂稱職的父母，應是兒女的榜樣，並且要懂得學習如何教養孩子，與及時的身體力行。

父母與子女的相處需要學習，
用愛澆灌，溝通永不嫌晚！

「夫為妻綱」修整為 「夫妻和合綱」

　　過去的「夫為妻綱」，是由「男主外，女主內」而定，是以先生養家活口，一家的生活重擔皆落在男人身上，也就是以男人為天、女人為地，這已經不符合現今時代的人倫道德了。

　　當今世代，已經漸漸被女權來取代，為何會如此？

　　現今人道世界的生活模式，已經是「男女平權與平等對待、共同負擔」，有時，女人的能力還更勝過男人的能力，若以過去的「夫為妻綱」，對當今新世代的人類眾生而言，恐怕就難以得

到認同，所以重新調整過去的「夫為妻綱」，改變、修整為「夫妻和合綱」，才能造就興旺的幸福家庭。

如此人類眾生，會以為男人的權利已經被剝奪了嗎？不也！

請先了解：做為女人所付出的辛勞是如何？不要以過去的認知觀念，認為女人是娶來照顧家庭的，那才怪！

如能對所處之角度互換一下，想一想：用同理心，就能明白女人所付出的心酸苦楚，不會比男人的辛苦更少！甚至是付出更多的勞累及負擔，又為了什麼，能了知嗎？只是為了，男人和共有的這個家庭而已！

這也是為何要重新訂定「三綱、五常、四維、八德」的規制，讓人類眾生來共同遵守！

又當今世代，兒女生育較少，這是未來的生活趨勢，因此人類的素質，就會往上提昇成為高品質的人種，這也是勢在必行的！

當今世代的小家庭制度，父母對家庭來說，相當的重要。夫妻雙方必要合作建立健康、優質的家庭生活，這是多麼的美妙啊！

每對人類眾生結為夫妻之後，就要有相互情愛的交集，在夫妻兩人情意的結合下，產生後代子孫，這種「夫妻和合」是當今時代很重要的一環。

而且，當今世代的高離婚率，這對中土炎黃子孫是不可取的！

但是，有時夫妻雙方對婚姻的觀念，都是以自己的角度做出發點時，就會造成夫妻離異者漸漸增多；時代雖然

已經不同，但也要維持幸福、快樂的家庭啊！

夫妻雙方要共同扶持、體諒及包容，才有幸福美滿的生活。

如此可以言，夫妻和合是必要的，才會有良好的夫妻姻緣，也才會造就良善的後代子孫，若是一對夫妻經常吵鬧又爭鬥之時，此種家庭對兒女的不良示範，會造就後代兒女將來在社會當中，也會有很多的不良示範。

這就是一種上不正，下就歪的身教示範。因此在一個家庭中，必要有圓滿的夫妻關係。

因為你的兒女，也會模仿你的行為動作，你願意對兒女有一種不良身教的示範嗎？相信大家都是不願意的！

所以，在「夫妻和合綱」中，一個家庭的圓滿，也是一種身教的必要性！

和合的婚姻關係，自然生成美好的家庭
氣氛，子女才會在幸福的環境中成長。

父母與子女之巧妙因緣

　　人類是無法選擇自己的父母或是後代子孫的！

　　如果以人道世界的善惡因緣來區分，對後代子孫，就是以善德因緣或是惡禍因緣而來！就分別是來報恩或是來討債的，或是只有平順之因緣而已！此乃是對前世善惡、福禍之因果而來報償也。

　　古云：「龍生龍、鳳生鳳，老鼠生的孩子會打洞」，假如父母的習性、慣性、秉性、個性相當良好，所產生的後代，必然是相當良好；倘若父母的習性相當不良，而又無法改變之時，想要有良好的後代子孫，那根本是不可能的！

一般人較不知道，自己的後代子孫，在尚未投胎之前，是可以改變基因本質的，亦即必須先造福德及陰騭的累積與迴向！

　　如果父母親經常行持「布施、助印、濟貧、造橋、舖路」種種善德因緣的話，即可漸漸累積陰騭及功德，並可由自己部分陰騭及福德的功果，撥轉給惡陋因緣的相互牽纏者。

　　如此，由人為因素來改變強烈不良惡禍種子因的產生，就能移轉父母的惡陋因緣，而有更大的成全，未來是否還會產生不良的後代子孫？就不會了！因為已經將不良的基因來改變，並對討報因果來撥轉了。

　　為什麼父母要養育自己的兒女子孫？為何父母不養育別人的兒女？而且

不論再怎麼困苦與艱難的生活，也會很如實來照顧自己的兒女子孫？其正是有個親生血緣的關係！

如果是別人的兒女，就很難以用「大愛之心」來養育、成全；此種所謂親生血緣的關係，又將前世種種善惡因緣加在一起，才促成在生活起居上，都會有相互的成全與照顧。

就是這一層的血緣關係，才會將所有過去的恩怨，全部聚集在一起，若能有良好的後代子孫，就能有光宗耀祖的德澤，也可以光耀門楣，對祖先也有個交代，此種好兒孫，必要先積德才可以得之的！

倘若在人世間難有德性的加添，而想要有好兒孫，恐怕就不能如你所願與企求，也就甚難有好兒孫來傳宗接代

了。

　　所有兒女皆是父母的心頭肉、掌上珠，不分別是來討債或報恩，父母親也都一視同仁來做成全與照顧，此種父母的辛苦劬勞，正是「比天高、比海深、比地寬」，如此種種的恩惠德澤，是老天爺降賜兩位活菩薩，來照顧你一生一世，也沒有任何的怨言與不滿，對所有父母親所生的兒女後代，都是公正、平等來對待，而給予所有親生後代子孫，都能有安適的溫飽生活。

　　不論過去累世的好壞，到了今世也全都甘之如飴，而且把一切最好的物質，都留給兒女後代，皆希望能有安適、溫暖的生活享受，這就是父母養育兒女，不分別前世的好壞或善惡，皆同此一心的照顧著。

足見老天爺安排的十分巧妙，絕不會遺漏前世的一切恩恩怨怨以及因因果果，皆是一視同仁，公平對待所有的親生兒女以及後代子孫。

　　若不如此，想要有圓滿的成全，以及圓融的化消前世怨債，就難有正道的方法，因此，對所有恩恩怨怨，以及因果的前世因緣，來進入你家當後代子孫，不分別是來報恩與討債，皆是同你有一份的血緣關係，這種血緣關係想要報恩或討債，也比較直接、快速，更是心甘情願，又能符合因果「討債或報恩」的償還定律。

　　此種天地定律植入於人道世界中，正是對此世能做討債圓滿的清償，也能符合過去所有施恩於你的報恩舉動，這就是上天公正、平等善待大寰天地所有

萬靈蒼生，來植入將父母、兒女、兄弟、姐妹、子孫、眷屬，相互圓滿做今生一世所有的成全也。

LOVE
心言新語

父母子女的緣分，
乃今生圓滿的成全。

婆媳相處圓滿之道

婆媳問題之形成

自古以來就有婆媳的問題，不論是中土與世界各國皆是如此，尤其是越開發的國家就越有此種的問題。

這其中一位是母親，一位是妻子，此兩個女人所要求的對象，一個是兒子，一個是丈夫，如此這個男人同時扮演著兩個角色，而且這兩個女人都不能得罪，如果偏向了一邊，就會給另一邊相當大的不滿，那這個男人就有苦好受了，此種男人真是無可奈何！

如何讓這兩位女人，心甘情願為這個家庭來付出，就關係到每一個家庭的

教化與身教的水準是如何？

　　如果一位賢淑的婆婆，在引領新媳婦入門之後，就要能有身教、言教、管教的教導；用身教、言教比較容易讓媳婦來接受，但是若管教的太嚴格，恐怕就會引起媳婦的不滿，因為此種威嚴的管教方式，已經不符合當今世代了。

　　假如是在一個類似往昔一樣，比較重男輕女的家庭中，如果新媳婦所生的都是男孩，那這位新媳婦在家中的地位，就會一天天的穩固，也會一天天得到更多的寵愛，就怕是新媳婦都一直生女孩，那這位新媳婦，就會被公公、婆婆來輕視；媳婦若一直生不出一個男兒孫出來，是一種相當大的壓力，也否定了媳婦在這個家庭的所有努力，如此對婆媳之問題，也就會浮上檯面了。

這種生不出金孫的媳婦，甚難在這種重男輕女的家中度日的，她的心理壓力其實都大過其生存的壓力；人生至此，一切都怪罪這個媳婦生不出金孫來，難就難在這裡，經常偷偷躲在被子裡痛哭流涕，這就是無法替丈夫生出一個小金孫的悲哀！

　　人道世界就是如此，才會產生不良的情緒反應，而對媳婦的苛責，更是相當的重啊！

　　每一個人都是經由父母的傳承，而有對後代子孫的傳承，人生都是如此的傳承，人生人，又再生人，這是一種天經地義的傳承。

　　古云：「不孝有三，無後為大」，又如何能怪罪婆婆之無理要求呢？不能也！婆媳之間的問題點，如何能有個圓

滿的成全，就觀婆媳雙方，累世所有含
因的累積，又是如何了！

婆媳爭鬥的原因

婆婆為何要同媳婦來爭鬥？

原因是一個養了二、三十年的兒子，因一位別人家的女兒加入自家而產生。

婆婆如果能用「媳婦是要來幫助照顧兒子的，而不是來霸占兒子的！」這種心態，感謝媳婦進入家中，又幫了自己一個大忙來照顧這個家庭，對媳婦應該有更大的寬容才對呀！

但人世間所有的婆婆，很少有此種的心態。為何做婆婆的心態就不能轉變一下？

對這位新媳婦進入家中一切的事情，必要重頭來教導新媳婦，該如何學習成長，才能駕輕就熟可以很快進入整

個家庭的狀況，如此婆媳之間的間隙與隔閡，就會減少很多！

新媳婦嫁入之後，所有問題才會一一突顯出來，其內心的忐忑不安也會一一浮現，又深怕無法勝任，也無法相容於這個家庭之中，如此對自己的能力往往會打了個問號：有沒有這種能耐來操持這個家？捧別人的飯碗？這種的新嫁娘，在尚未嫁入夫家前都會如此，因各種角度與角色，都不同於以往住在自家的時候，就會造成很大的落差。

進入夫家之後，所有一切都是新的開始，丈夫會疼惜我嗎？又丈夫能順從自己的意思，做一個好丈夫嗎？

古人言：「船到橋頭自然直！」然而，終究是必要明白：該如何把這個家興旺起來！對公公婆婆有個交代，也要

對公公婆婆盡孝道，以及圓滿整個家庭
的人際關係。

婆媳爭鬥的結果

　　既然媳婦已經娶進來要照顧兒子，剛開始之時，媳婦所不會的，做婆婆的必要耐心教導，能讓媳婦明白，對這個家庭的一切，必要能操之順手，才不會產生諸多的困擾與障礙。

　　如果婆婆用很強勢的態度，對媳婦來加以：應該要這樣！應該要那樣！此時候對媳婦來言，若是尊重婆婆的指導，正是一種學習與成長，就能有相互安寧的生活空間，若媳婦是用隱忍、壓抑的心理，如此歷經良久之後，就會產生爆發點，對婆婆會有更大的不滿，而用強勢來相互對抗，此種情況會衍生未來更多的不滿與隔閡，這也是一個做婆婆的，必要了知的心理因素。

如果媳婦的能力相當良好，又是高水準教育的學識，那婆媳之間的問題點就會比較多。如此雙方必要有一位可以來包容或退一步，才不會產生兩個女人的爭鬥，而讓家中男人不好受。

　　兒子產生困擾而成為夾心餅乾，那是經常會發生的事情，一邊是母親，一邊是妻子，所以兩個人都不能得罪的！

　　假如婆媳雙方不能圓滿，媳婦就會經常吵著要兒子搬出去住，而不要同父母一起住，如此對婆媳爭端的問題，也能減到最低的程度，因為婆媳所產生的問題點，都是角度不同，也都放不下。

　　古云「知性好相居」，一般人認為，只有沒有公婆相處的好處，但卻不知道，沒有公婆相處的不足之處！就在於各人角度之不同，有人擁有了就很討

厭，有人沒擁有卻很羨慕，你認為如何
呢？

婆婆應有的角度

為何要以婆婆的角度來分析？因為婆婆是長久居住在此家中，而且是自己親生的兒子，娶了別人家的女兒做媳婦，對母親的角色一下子變化太大了！

一般來言，兒子娶了媳婦，是丟掉一個兒子，怎麼會這樣？

通常來觀，兒子是同父母長時間相處在一起，而在對新媳婦進入家門後，也必要對娘家維持著一個親情倫理的相互成長，故而，古云：「天上天公，地下母舅公」，此種對舅舅家一切的相互因緣，正是一種維繫著自家親人的相互照應，而且沒多久，媽媽的話漸漸被老婆的話來取代了，心中對媽媽器重及依賴的地位，也漸漸轉移對妻子的依賴及

情愛了。

　　假如是單一兒子時，就會比較吃味，對媳婦會產生一種排擠的動作，就感覺到兒子已經被媳婦搶走了，而且已經不再聽媽媽的話，也只聽太太的話了，此種吃味的角色若不能更改，恐怕對媳婦的壓力會增加很多，因為一個兒子被媳婦搶去了，那心裡的感覺必定很不是滋味，對媳婦就不會有好眼色。

　　此時婆婆的角度，不了知娶了媳婦之後，經常關心是應該的，但兒子已經長大了，對兒子與媳婦的生活起居，就不要干涉太多，每個人都有不同思想與不同生活空間，對雙方來圓滿與成全，是比較有相互的興旺。

　　古人云：「能生兒身，不能生兒心」，娶了媳婦，心就往老婆那邊去

了，也就把老媽子放在一邊。

　　必要時時謹記在心：因為你只能生兒子的身而已，但不能生兒子的心，千萬不要做個不識相的母親！必要明白，時代已經不同了，以前的媳婦經常被婆婆虐待，當今世代可以言，現代的婆婆如果不給媳婦來虐待，已經算你很有福報了，怎麼會這樣？就是時代不同了，現今的公公、婆婆，也只能幫兒子與媳婦來照顧金孫，如此你就應該高興了！

　　假如做婆婆的一直不放手而管太多了，就會「顧人怨」令人討厭，這種婆婆就不聰明了，也是自己找苦頭吃；聰明的婆婆，必要能體悟：娶了媳婦就失掉了兒子，那做父母的能心甘情願嗎？

　　轉個彎想一下，思慮也重新調整一下！因為同兒子的血脈是永遠相連存

在的，能有個媳婦來幫忙照顧兒子及孫子，至此也應該放下心來了；也必要感激媳婦，來幫你分擔所有的責任，你的重擔著實也減輕了很多，聰明者想一下就通，若是執著太多又放不下者，所衍生的問題，也就一大堆了。

媳婦應扮演的角色

現今時代對新媳婦的要求，正是需要比往昔更要有知識、經驗的豐富，也要具備有十八般武藝的功能，甚且還要身兼數職，對家庭內內、外外所有的事務皆要由媳婦來幫忙操持，也要幫助家中所有事務的精打細算。

這種的媳婦，正是一個女人進入於丈夫家中來操持一切，不論大大小小的事情都需要參一腳，還要相夫教子，而且也不能有任何的不滿及怨言，因為媳婦的天職，就是要興旺這個家庭，也要為這個家來生兒育女，經常在白天上班操勞，下班後還要趕回家煮晚餐。所以男人呀！必須好好疼惜做妻子的一切。

一位新媳婦進入夫家之後，起先就

會有學習的過程，來建立整個家庭的操持，也對所有的家事，來彌補婆婆之不足，同時也彌補了丈夫的不足，這種女人天職的付出，男人謂之陽，而女人謂之陰，如此陰陽必要調合，才能成全有興旺的氣勢，方能將一個家庭由平凡中帶入興旺，再由興旺做到圓滿，這才是「圓滿家的福星」，你的名字叫做——「好媳婦」！

　　古言「女人無才便是德」，那是古代的要求，其實當今一位新時代的女性，若沒有學習一些技藝功夫，想要捧人家的飯碗，就很難勝任的！

　　新女性若是無才便無得，得到的得，正因為你無才，所以一切都無法得到，因為對新時代女性的要求，是同丈夫可以平起平坐了。

往昔大家庭的女人都是矮人一截，現在已經沒有這種的習俗了，所以現代新女性，也比較有福報，諸如有了新潮的流理器具，要煮三餐也比較容易，不必像往昔，為了三餐而下廚，卻要弄得整身及整屋都是烏煙瘴氣；這就是時代不同，對媳婦的福報，同往昔來相互比較之時，更是減輕良多的負擔及很多的不足、欠缺。

　　在不同時代，對不同女性的成全，這正是當今才有的福報，同時也提供現代新女性生活品質的層次，往上提昇更多知識及智慧的應用。

婆媳之間如何圓滿

婆媳之間的問題會層出不窮，只因各人的角度不一樣，也就會產生很多的旁枝旁節，對兩位女人都會造成很大的殺傷力，婆媳之間又是為了什麼？

還是由於兩個女人都想獨占這個男人，並望這個男人能乖乖的聽話，不然這個男人就有苦受，如此，這兩位女人所招惹的問題點，就會一直出現。

如何讓這兩位女人能和平共處生活在一起？就必要雙方的認知都一樣。

一般人比較慣用的正向態度，是把婆婆當做自己母親一樣的款待，婆婆也把媳婦當作女兒一樣的善待，如此這兩個女人也比較能和平相處在一起，這是比較能圓滿之處。

如此，以媳婦來觀，要對婆婆「敬之以天、順之為母、孝之為長上」，這樣對丈夫來言，才不會變成夾心餅乾，而在兩位女人之間裡外都不是人。

　　又媳婦也要把婆婆當作自己的母親一樣，或是自己的大姐般看待，這種方式，媳婦同婆婆就能有更親密的關係，而對媳婦來說，婆婆也能以自家的子女或弟妹來照顧的話，那在這兩位女人之間就沒有距離，也不會有爭鬥的事情發生，在兩位女人間就能有更大的圓滿、幸福，大家能知道這其中的奧祕了嗎？

　　人生一世的因緣，若對親人的照顧能做到無微不至，就能把敵人來化成親人，也比較有更大的圓滿；希望天下所有的「婆媳皆是好母女、好姐妹」，大家願意試試看嗎？不會太困難的！若能

有如此的作為，其他人就會羨慕了，一邊是丈夫，一邊是兒子，那這個男人想要作怪，恐怕就沒搞頭了！

此種婆媳之間宛如母女，婆媳之間宛如姐妹，怎麼會這樣？這也就是現代「新的好婆媳之道」！

婆媳原本都是別人家的女兒，嫁入這個家庭來圓滿興旺的，兩位女人同心協力對家庭來分憂解勞，也對這個家的男人來相互照顧，那這個家庭不興旺的話，那才奇怪了！

兩個女人和合可以興家，兩個女人不合也可以敗家，不知你要做那一種的女人？正是自己能選擇與掌握的，不是嗎？

LOVE
心言新語

　　新時代的社會，婆婆和媳婦不只可以
宛如母女，更是經營家庭好夥伴！

_____

_____

_____

_____

_____

_____

_____

_____

_____

_____

_____

_____

_____

_____

如何建立幸福
美滿的家庭

夫妻情義是人倫的根基

人倫道德的基本作用，就是要如何傳承良好的後代子孫，使自己的兒女及後代，能以父母的言行舉止為榜樣，而來做學習與模仿的對象，又能以父母及長上的身教為基本，以及言教做為處事的要義，這就是人倫大德的基本條綱。

人類眾生皆需有相互的婚配，在結成連理之後，兩個人此時才開始學習夫妻生活之道，由先前已經生活二、三十年歲月的不同生長環境裡，而來結合成

為一對夫妻，學習如何當一位先生及一位太太，這是人倫大道的開始。

中土的婚姻制度，歷經周朝制定古禮之後，迄於當今時代，只能一夫娶一女，一女配一夫，即今若一女可配多夫，或一夫可娶多女，是不容於中土炎黃子孫的古禮明訓，加上了世界各國潮流，也是風行一女配一夫，這種風潮在當今時代符合男女平等，正是千真萬確的條綱，也是女權的拓展。

這種傳承後代子孫的人倫大道，在人道世界將夫妻婚配，經由了同拜天地、再拜高堂、夫妻對拜的禮儀，送入洞房之後，在此種高興與相當愉悅的氣氛當中，可以創造很優秀的後代子孫。

能放鬆心情，在夫妻的熱情中相互結合，對後代子孫的DNA而言，會產生

優良後代子孫的造就，這是符合當今科技所證明的！

　　假如在不良氣氛中，而且又是驚恐之下的結合，對你們的後代子孫，就很難有優良DNA的創造產生了，因此，在良好氣氛與不良氣氛之造就下，會影響未來好壞與優劣基因的傳承，所以夫妻的情感，會直接影響傳承之興旺與否！

　　兩個不同生活習慣的人，組織成一個家庭之後，對先生與太太而言，必須知道對先生與太太的父母親，該如何來孝順，讓傳承後代子孫之時，會有好的榜樣！

　　「愛人家的女兒當妻子，就要孝順人家的父母」；相同的「愛人家的兒子當夫君，必要孝順奉待夫君之父母」，這就是人倫之道！

如果對自己父母與岳父母，都能有相同平等奉敬與孝順照顧的大孝道，如此，你的兒女也會亦復如是的孝順，滴水還原孝順之道。

夫妻姻緣的選擇與區分

　　所有夫妻的生活方式，分別為「善德夫妻、鴛鴦夫妻、恩愛夫妻、平順夫妻、怨債夫妻、恩怨夫妻」，這是以夫妻來區分有如此多種的模式。這其中對善德夫妻，正是從婚配後的生活起居中，就很少有任何爭吵、相鬥、吵鬧，以及沒有相互看不順眼，而形成雙方面的芥蒂。

　　善德夫妻，是前世與累世當中有相互的善德姻緣，而促成雙方男女的婚配，正是其累世以來，善德的種子因比較強烈而來發芽生長。在人道世界的善德夫妻，並非只是當下此世才造成的結果，而是早在前世與累世當中，這善德姻緣就比別人來得更強烈，如此對善德

夫妻所有的福報享受，也會比別人多很多，你們羨慕嗎！

一對男女尚未婚配之前，皆有三次選擇的機會，分別是「良好、普通、較差」的婚配情形，又為何會如此？

對夫妻婚配的姻緣，乃觀你前世與累世是否有廣結善緣？若是善緣良多之時，會同你來匹配成夫妻者，也會比較良好；如果只是普通一般者，而能成為夫妻之結合，也是如此普通一般而已；若是夫妻良緣不好的話，那在你所遇到的三次選擇中，皆會一樣的不好；在你最好的，是人家最壞的，而你最壞的，在未來就會形成如台諺「不冤、不家、不成夫妻」。

這是對自己前世或累世以來的婚配姻緣，來區分你所遇到及所選擇的是

好與壞，然而好壞姻緣，皆是各人所選擇，也是上天早已註定的夫妻姻緣，既然今生已經結為夫妻了，就必須要永遠愛著對方，永遠給對方有個安樂的窩，能勇於負責任，那才是對雙方能有更大的安全感。

　　人不是聖賢，無法一生當中都沒有任何錯誤，不足與欠缺都在所難免，雙方可以在很溫馨的氣氛下，心情平靜的做溝通，而不要一講到你的不足、缺點與錯誤，就火冒三丈、七竅生煙，加上破口大罵，那就是「火燒功德林」了。

恩怨夫妻必要修整自己

　　一對夫妻來婚配之時，這種之姻緣和合，本來是人人羨慕的，但為何別人可以很輕鬆的做恩愛夫妻？而自己的另一半根本都不能體貼自己的辛勞，而且經常會唪唪唸，真是「家家有本難唸的經」！

　　如此之恩怨夫妻，在結婚之後，原本應該有個恩愛夫妻的家庭才對，但卻事與願違，為何會變成怨偶一對？就必要雙方來檢討一下，對方的思想觀念與情感接觸，以及生活習性的種種問題，然後在雙方問題上，提出共同解決與溝通的方法，並對怨偶夫妻來加以檢討自己的奇毛怪脾，能作雙向溝通，及該如何修整與改變，那才是解決問題的必要

事項！

　　但是，此種怨偶有時再怎麼溝通、怎麼檢討，亦是枉然！因有時是前世與累世所結之怨恨與因果，移植進入當今的時空因緣之中，起先都會有恩恩愛愛的蜜月時期，等到時空因緣改變，就產生各人認知角度的不同，而形成雙方的對立，致使雙方經常嚴重爭執。

　　在這種情況下，必要「重新拜天地，重新作結合」，而如此的基本條件，是必要雙方仍深愛著對方，不可見異思遷，甚至是紅杏出牆，打一句當下之語：不要劈腿！如有這種情況的話，往往是很難收拾，又很難以轉圜的。

　　你是否給對方有機會，讓第三者來介入、破壞你原本和諧的家庭婚姻？能否有轉圜的機會？這種問題必要能未雨

綢繆！怨偶夫妻正是都疏於防範，才促成讓第三者有機會來介入糾纏，而成為你婚姻的絆腳石，因此，必要謹記：不可疏於防範，以免造成悔恨一生，又造成社會成本的負擔，而你也失去了幸福的家庭。

人類的生活習慣，往往是前世所結的善惡因緣加入於當下的生活，而影響了雙方夫妻平順、恩愛的家庭生活，這時候怨偶的形成，在時空長遠時，就會糾結於自己的婚姻生活，更影響了夫妻的感情，如此時間越長，怨恨也會一直加深，該如何來化解？下列幾點提供參考：

一、夫妻雙方靜下心，坐下來溝通是必要的。

二、雙方檢討缺點與不足及欠缺，

改變也是必要的。

　　三、雙方各執之角度、價值觀念，必須共同協調。

　　四、家庭中的生活經濟，雙方是必要共同負擔的。

　　五、「男主外、女主內」，已不符當今之社會條件，男女雙方都有責任對家中大小事情，來共同承擔與負責。

　　六、兒女教育之問題，必須雙方一位扮白臉，一位扮黑臉，才不會養成兒女的依賴，在教育兒女成龍、成鳳上才有希望，最起碼不要讓兒女變壞。

　　七、孝順父母，和睦兄弟姐妹，妯娌亦要相親相愛，也就宛如「桶板與桶箍」的重要性，是有其如實作用的。

　　八、每個家庭生活背景皆不一樣，如何讓自己的家庭能圓滿？是「妻子做

桶箍」與「夫君做桶板」兩人的努力，尤其是女性，這方面要更具柔軟性。

九、除了自己家庭以外，尚有兄弟姐妹的家庭，不要讓人家認為，你只顧自己的家庭，其餘一概不參加，那你就已失去了大家庭中的一份子，就是私心太高，也不圓滿。

十、稱職的夫妻，正是雙方能相互溝通、相互檢討、相互恩愛、相互照顧、相互圓滿、相互融合、相互成全、相互創造更幸福的家庭。

十一、雙方父母都必須事恭孝順，親身噓寒問暖、寒喧問候。

十二、更加要孝順父母，不論有否同父母住在一起，你是父母所生的，必須要孝順父母，這是天經地義之事，任何人皆不可抹滅孝道，「孝順還生孝

順兒，忤逆必生忤逆子」，這是千古以來，一直不能剪斷的孝道傳承。

怨債夫妻冤孽要化除

夫妻既然結婚了,應該要相親相愛才對,為何會有此種的不親蜜?又為何有時雙方火氣十分之旺盛,而來產生打架與吵鬧的紛爭?並且在氣消之後,又不能相互認錯或賠不是,如果再加上了親友的慫恿及添油加醋的話,促成一對原本可以「床頭打、床尾和」的夫妻,因而產生了更大的破壞力。

夫妻之事可大可小,端看夫妻雙方有否珍惜「夫妻的情誼」!

如果是一對怨債夫妻,那問題可就大了,下一刻就將對方來提出告訴,就是所謂的——傷害罪!這種的情況,原本應該是小小的事情,為何會鬧的不可開交?吵架、相打,火爆脾氣全出來

了，誰也不讓誰，大力打小力，小力還大力，不然就太對不起自己了！

如果是怨孽而來，在一般夫妻雙方來言，即是前世與累世所造下的冤孽業債，迄於當今時空，轉換成為夫妻的姻緣；如果前世你欺人，今生出世為你的家人來反覆討報；前世你欺人太甚，今世重新換成把你欺侮回來，這是符合因果定律的條綱。

這種人類眾生來當夫妻者，必要能有相互的認知觀念，你還愛他嗎？或是你已經劈腿了？如果只是一時氣憤，還是深愛著對方，而且還會經常想起往日雙方甜甜蜜蜜及種種的優點，這仍是可以期待的！

在雙方若未離異之前，都還有很大的改善空間，因果循環不外乎對雙方的

怨債可以作化除，將夫妻情義重新來加添，但不要已經離異了，再回想對方的優點，如果對方仍是單身，就還有復原機會，倘若對方又婚娶之時，那你連一點機會都沒有了。

雙方是否仍愛著對方？這是最重要的一環！如果能長時間對雙方的情感給予時間的考驗，說不定會有很大的改變，這一線希望是不能放棄的。該如何對夫妻雙方的姻緣能破鏡重圓？經由對雙方的認知當中，如果還有一點點的愛意，就有希望，但最怕是其心已死，又要如何重新點燃呢？已經是不可能的！

如此，要離異之前，必須先考慮清楚，而不要讓事情已經發生到相當嚴重的地步時，才想到對方的優點。在可以化解、轉圜之時不努力，等到難以收

拾了，此時再想要破鏡重圓，時空因緣就可能已經太慢了一點，後面的懊悔就會一直跟著而來，人類眾生經常是如此的，奈何也！

冤家夫妻朝吵夕要和

原本認為點燈籠再也找不到第二個非君不嫁、非卿不娶，不論先前是媒妁之言，或是自己戀愛而結為夫妻者，原本應該是甜甜蜜蜜的組合，但在雙方的角度不同，加上「柴、米、油、鹽、醬、醋、茶」等的開銷，以及諸多人情世故所必需，而形成雙方對金錢壓力難以負荷之時，就會有如台諺所云：「鬥嘴鼓」的機會。

這時候恐怕會對夫妻的情感，漸漸推入於冷宮當中，雖然雙方是同處在一個屋簷下，但並非同處在一個房間裡，就是分房了，感情就越來越淡薄，夫妻見面爭吵的機會就會越來越多，有時還會覺得對方相當討厭，這時候原本的情

人夫妻就變成了冤家夫妻。

夫妻冤家與冤家夫妻所形成的問題，在人類世界中，就會有所謂的「七年之癢」，而在當今世代，不用到七年早就已經很癢了，因為都是「近水樓台先得月」，也就是劈腿了！如果是這樣，到時候恐怕你所失去的，正是一個幸福的家庭；是否自己的不小心與放縱，而來促成對自己婚姻的破壞？如果是這樣的話，以後恐怕就經常會有大吵大鬧的局面，真是相當無可奈何啊！

此種問題必要靜下心，好好坐下來檢討一番，此時絕對不可意氣用事，必須好好的檢討雙方的優劣、良缺，不可一意孤行，也不可存有下一個男人會更好或下一個女人會更好的想法，請問這種的思想作為，會有好結果嗎？當下都

不能好好把握了，更何況下一個又能如何呢？不要把婚姻當兒戲了！

不可能下一個男人或女人會更好！應該讓雙方再次好好的溝通，好好的將兩人不足及欠缺與錯誤，很清楚的讓夫妻雙方重新改變、重新調整和重新拜天地；對有部分夫妻，在一生當中，男人要娶「三妻四妾」或女人要嫁「三夫四男」的命運者，能「重拜天地」，重新改變自己的命運，而不要讓雙方存在不良婚姻的恐懼中。

男人啊！你們能不能多讓一些？「退一步路，海闊天空」，不要同你最心愛的妻子來計較，多婉轉溝通，好言相勸，能很真心對你自己的親蜜愛人，多說一點甜蜜安慰的話，多討一點歡心，相信人家所回報給你的，一定比你

所說的一點點甜言蜜語，會回獲的更多，最起碼會有溫馨幸福的家庭。

女人是水做的，你如何安排？她就如何接受！你給她多少？她就回饋多少！相信「歡喜做、甘願受」的一大堆，甚至為了你的這個家庭，做牛做馬、犧牲奉獻一生青春的，比比皆是！

必要能認清楚「女人似水」，她可以容納對方一切的缺點與優點，不知天底下當丈夫的你，能不能深愛你的夫人呢？

婚外情孽切莫再為之

　　職業婦女在職場上，會同男性來分庭抗禮，並做多方面的交涉，如此男女接觸的機會及時間就會比較頻繁，在「近水樓台先得月」的影響下，如果有一方看上了對方，再加上對家中如果有些微之不滿，而相互訴說心中滿腹的委曲，就很容易產生相互的憐惜及愛意，若加上另一方有意無意、半推半就之下，或同事間有機會相隨外出其他區域之時，花前月下，加上了氣氛十分優雅，就會產生相當大的出軌機會。

　　原本只在歐美國家才會產生的情況，如今移入中土與台疆後，更加變了樣，甚且是更加瘋狂行此「婚外情孽」的造就，正是近代所言之：外遇劈腿！

這種的外遇劈腿，對自己是很新鮮，也是很刺激的事情，但如此開心在前頭，痛苦罪孽在後頭之事，難道你自己不會感到很羞恥嗎？又如何面對你自己的先生或妻子？這是「婚外情孽」最要不得之事！

　　不要以為天高無耳目，每個人的所作所為、一舉一動、一言一行，都會詳實記錄在每個人身上的IC微晶體當中，生生世世都無法抹滅的！就宛如當今時代的錄影機一樣，一舉一動皆攝入其中，絕不可能造假污衊，想賴也賴不掉。

　　這種問題，不論是你自己願意或不願意，皆會在半推半就下來產生，如此當下是很快活，但事後又如何？經常是爽快一時，痛苦一世！如此，今生今

世，若想要有圓滿的家庭，簡直是比登天還難，而此種的羞愧心，會讓你無法面對自己的親人，甚且還會遭受左鄰右舍的批評及指指點點，就為了一時的玩樂快活，而造下難以彌補的羞愧心，你認為值得嗎？

該如何對這種的問題加以防制？必要在剛開始時就要制止，不要給對方機會，也不要給自己機會，更不要給你先生機會，也不要給你妻子機會；當下第三者的女人是如此之美麗、溫柔、體貼又善解人意，男人也很英俊、瀟灑、風趣又出手大方，而致使我心嚮往，也迷醉了，此時若能用佛家的「白骨觀」來思惟，就會減少很多的困擾。

人是感情的動物，一切人與人相互親近的時候，必須嚴守分際，不欺暗

室，才不會因一時貪慕虛榮而來出軌，也讓自己及家庭蒙羞，那你於心何忍！必要確確實實銘記在心頭。

　　如果自己也有些微的起心動念，如此事情做過了，婚外情孽的新鮮刺激也過了！那下一刻呢？痛苦、後悔就跟隨著自己而來了，又奈何！也只有留下別人批評及指指點點的羞愧、傷心而已，這又何必呢！

情孽修整改造要齊心

古時候的人類，比較善良、忠厚、有德，而當下的乾坤男女，也已經比較不守綱常倫理了；曾幾何時，歐美的開放也流行到中土來了，其中有很多是歐美國家的好風俗、好因緣及好成果，但是，我們都沒有學到人家的優點，反而將最不良的劈腿——「婚外情孽」帶入中土神州與台疆寶島，如今離婚率之高，在人道世界已經是數一數二了，已造成相當大的負面影響，這是應該要化除的最大障礙，不然，動不動就輕言離婚，真是要不得！

如果已經造下相當大的情孽，想要更改，有辦法嗎？必要能確確實實來實心懺悔，而不可再犯此情孽的罪惡孽

緣，才有可能真正來改變當下你所作所為的情孽，若是以為自己相當英俊又瀟灑，或妖嬌又美麗，吸引對方一個個玩弄於指掌，那下一世你就不會再是情聖或情人了，反而是剩下之人，而禽獸行列就會有你一份，會有很多的雞公或雞母、乳牛、豬公或豬母來陪伴你身邊，讓你玩弄別人，別人也來玩弄你，讓你爽快一生一世，如此你高興嗎？

人乃由前世之因緣而入於今生，人做錯與造業是在所難免，必要了知「因果報應是很無情」的，也不會有人替代的，皆是禍延你自己的妻子、兒女，以及要你下一世來清償報應的！古訓「你淫人妻女，人淫你妻女」，這是相當公正、平等的對待。

人道世界是個「生命的改造界」，

人類眾生可以自己選擇，是要上昇超越或是下墜沉淪；人道世界一切因緣的造作，可以言：能同你蓋一件被子生活的，也只有一個人而已，而沒有所謂之「蓋棉被純聊天」，那是不可能的事情，更不容於當今世代！

人之作惡、作錯、造孽必要自己來修整、改進，往昔的不明，尚情有可原，若是明知故犯，就罪加一等；然而，能否真心懺悔、實心悔改，下次不再造此罪孽，才是自己修整、改變最大的原動力。

人道生活即由前世因果，來決定你今生今世，會嫁到何種等級的老公，或是會娶到何種等級的老婆！這是前緣已定的因果條件，不必怨嘆自己的生活不如人，而是要明白，自己有多少的福德

與福報！

　　「糟糠之妻不下堂」，只要不認輸，同舟共濟，對這個家庭全心全力來付出，就能改變不良的生活環境，此世既然已結為夫妻，若想要家庭能興旺向上增長，夫妻及家人必要很用心、很努力、很打拼，才能在未來十～三十年的努力之後，而有好的結果，但是如果要破壞現在的擁有，只要一下子，就可以將幾十年來的辛苦努力，給消逝得無影無蹤，你說不是嗎？

夫妻離異欠溝通引起

夫妻雙方不斷的爭吵,如果不能改善之時,就會造成夫妻之間很大的危機,甚且是以離異收場;經常只為了一些小問題而爭吵不休,也變成夫妻雙方難以容忍對方的脾氣,又對方的占有慾十分強烈之時,這個家庭想要有安適、和平,那是沒有辦法的。

女人有占有慾是應該的,但也不要太過分了,避免在強烈占有慾之下,而影響丈夫本身應該有的行事準則,因為一個家庭能否興旺,不只是女人的責任,男人的責任也是相當重要,此種男女各占一半的義務與責任來照顧這個家,就可以創造幸福的家庭。

夫妻相處如果膩在一起太久了,

有時吵一吵、鬧一鬧，出一點火氣，等氣都消退了，就會覺得很不好意思，幾次之後，就不會再有此種打鬧的局面，那夫妻的感情也會增加很多，為何會這樣？這就是人類眾生的劣根性，雙方都在氣頭上，各不相讓，所以會造成兩個人，都認為對方應該要讓自己才對！

其實夫妻爭吵，都是為了一些諸如婆媳、教育、養育、親情、金錢、生活等的問題，而其最主要的原因，就是夫妻雙方不能好好的溝通，而且是在此段之磨合期，尚未完全密合而導致！

現代人就是無法能相互圓滿的來將問題點加以克服，並在每個人的不足、欠缺及錯誤上，給予對方能有改善的空間。

如果所有問題點能圓滿化解，相信

大部分夫妻都能重修舊好，最怕是有一種人，相當記恨，心裡難以釋懷，把對方的缺點一直耿耿於懷，在雙方口角之後，又各不相讓，演變成夫妻雙方的長期冷戰，只為了面子問題，也為了爭一口氣，到最後變成一句惡言「不然來離婚吧」！

此時大都只是口頭上的氣話而已，如果一方能退卻下來，相信就不會演變到離異的悲哀局面；一般都是把「離婚」掛在嘴邊，但一次、兩次、三次……，多次以後，就怕會弄假成真了。

現今世代的年輕夫妻如此者，比比皆是，為什麼會這樣？根本的原因就是雙方都要勝過對方、贏過對方，雙方都不退讓，都認為自己才是對的，如此就

有好戲可看了；此時，就需要其中一方
能有很大的忍讓，才能圓滿，否則，夫
妻離異後，後面還會有一大堆問題來產
生呢！

雙親離異兒女無可依靠

夫妻若是離異，就會造成兒女等之無可依靠，而人道世界對兒女的親情，就是要有雙親的疼愛與照顧，才會有一個完整的家庭，也才有人世間的天倫之樂，切勿產生子女對父母的親情無依及無靠，那是很可憐，也是很悲哀的！

兒女若失去父母親情的照顧，就會形成「母雞帶子比較輕鬆，公雞帶子手忙腳亂」之情景。在人世間，父母親的職責使命各有不同，對兒女所有生活起居而言，做母親的會比較細心，也比較容易有如順與融洽的照顧，若以父親來照顧兒女的話，就會有很大的壓力及不同，也會產生很多的障礙問題，假如父母親離異，對兒女的殺傷力是很大的，

缺少了父母雙親慈愛的照顧，想起來是
很心酸啊！

　　當今世代，台灣與中國雙雙躍升為
全人類數一數二高離婚率的地區，這對
中土炎黃子孫來說，不是一個好現象！

　　能否在離婚前先想一下？因為經常
是在氣頭上所做的決定，如果雙方能在
心平氣和之時，重新檢討雙方的情緒，
如此對所有問題點就可以改變很多，夫
妻要離婚的機率也會減少很多。

　　「齒與舌再好，有時也會相嗑」，
經常只為了一些芝麻小事而已，又何必
把它擴大，以致於弄到不可收拾的局
面！其實只要有一方退讓下來，就能化
除爭執的問題，和好如初，不要一昧往
牛角尖裡鑽，那樣不可能有轉圜的機
會。

夫妻在離異之後，所有的問題才會一一浮現出來，此時兒女會問父母親，為什麼要離婚？為什麼不要我們？此時兒女的痛苦、悲傷、難過，難道父母親一點都不知道嗎？

　　夫妻離異不是針對問題點的化除，反而是造成更大問題的產生！因為很多事情都是在未來，才會一一呈現出所有的困境，所以做父母的必要謹記：給兒女一個幸福的家庭，是你倆此生所應該有的基本作為，不要為了一時的氣憤，而變成一種非常無可奈何的家庭問題，你想要如此嗎？

　　回想昔時的甜蜜恩情，也想一下離異之後，如果想看兒女，或兒女想看父母親又看不到的時候，這樣子好嗎？絕對不好！你會甘心安適嗎？希望不要經

常躲在棉被中痛哭流涕，又悔不當初，此時能否挽救？就看你倆雙方能拉得下面子嗎？

人生一世可以珍惜家庭的親情溫暖，正是你倆的天職，也是此生的功課，如果不把它做好，下一世又來一回，必定更糟糕！大家要不要？絕對不要的！離婚後，破壞了親情的溫暖，所有的痛苦、折磨，將會成為你倆此生心中永遠的痛！

為何不能雙方坐下來好好的溝通一下？讓雙方有更大的空間，改變自己的不足、欠缺與錯誤；人不是聖賢，誰人無過錯，讓雙方能有改變的時間與空間，來轉圜目前的痛苦低潮，就能減少當今世代婚姻的離異，此正是減少離婚率的最好方法。

或是重新敬拜天地，同鑒此姻緣的重新再造，再由上天來成全及祝福，將一對不良、惡陋的夫妻，以及爭吵要離異的夫妻，給予雙方重新修整、改變，如此這一對夫妻會離異嗎？不會的！要珍惜這一份上天所祝福的情感及婚緣，即能創造幸福的家庭，而此，正是對人道世界可以減少夫妻情感的離異，又能減削當今社會的成本，你們說要不要呢？

夫妻善改恩愛可回來

　　人類眾生經由自由戀愛，或由相親及媒妁之言而結為夫妻，不論是你自己挑選或是按照命運來挑選者，可以同你來匹配的，也只有一位而已，應該要珍惜之！婚姻是相當殊勝的，雙方應該把它做到「最好、最善、最美、最真、最誠」，才是夫妻相處之道。

　　人類眾生越是文明、越是開化的國家，因為有男女平等的觀念，認為貞操是個可以開放的交易，殊不知，有很多很多的無明病，皆是經由不貞潔而引申出一大堆的病症，諸如過去的所有性病，及當下的愛滋病即是；不倫的男歡女愛，只為了一時的快活，一點都不覺得有任何羞恥，反而認為人生苦短，不

快活又等待何時？這種男不忠良、女不貞潔者，在幽冥世界比比皆是！

古云：此世的婚姻離異時，先前的恩怨、情債被中斷，而無法心甘情願來償受，下一世仍會來糾纏在一起！

一世未償還圓滿的婚姻關係，將會相續生生世世共七世，反反覆覆來歸償，不論是你欠對方，或是對方欠你，都會造成雙方更殘酷與淒慘的報應，如此你願意嗎？

「十年修得同船渡，百年修得共枕眠」，這不是當下才有的姻緣而已，而是累世以來，你有沒有善德姻緣，或是平庸姻緣以及惡劣姻緣？

這三者會產生福禍、善惡及好壞的夫妻婚緣，但不論是何種因緣而來，只要夫妻雙方，能心甘情願來維護這個家

庭與成全、照顧家中的大小成員，就會有幸福的家庭。

一對恩愛的夫妻，需要雙方能有情感的相互結合與相互溝通，如能重新回到新婚時期的恩愛，就會相敬如賓；一對將要離異的夫妻，經由對事情的忍辱、溝通，讓時間來沉澱雙方的不足、欠缺與錯誤，能重新修整，就能有回頭的機會。

有時雙方的角度不同、立場不同、生活方式不同、教育不同、學識不同，種種的不同，再怎麼不同，說穿了，還不是夫妻一對！就讓所有的不同，煙消霧散吧！

人生必要能知足，所有的環境，無論好壞，皆是自己的命運，再不好的環境也要甘之如飴、樂在其中、無怨無

悔、犧牲一切，能知足認命、吃苦耐勞、努力打拼，才有力量來興旺家庭，如果你不能戰勝環境，就不會知足與感恩，而且要包容雙方的不足、欠缺與錯誤，才能有一點一滴的改變。

　　為何有很多夫妻，只要一個眼色，或是一點小小的提示及動作，夫妻雙方就能善解？這種善解，正是夫妻最恩愛的原動力！如果不能善解，有時情緒壓抑太深，就會產生很大的爆發力，有時爆發出來，經過雙方檢討之後，就能了知一切的困難點該如何轉圜，這時候關懷及溝通就顯得十分重要了，必要能雙方靜下來，真心的關懷與相互溝通出，對夫妻雙方皆可認同的做法出來，你們認為如何呢？

　　「知足、感恩、包容、善解、關

懷、溝通」這六句名言，如今已在人道世界中發酵了，將夫妻之情意再深植，而有更深婚姻的因緣本！提供所有想要離異的夫妻，以及所有恩愛的夫妻、平庸的夫妻，做更圓滿的提昇。

圓滿結局才有幸福人生

夫妻雙方離異後，經常會有一種反衝的現象；就是在當時氣頭上不會感覺對方的重要，也不會珍惜對方所付出的一切，而認為這是應該的，也是理所當然的，哪有什麼值得感謝的地方！但是在離異之後，才會感覺到對方所付出的一切，是值得感謝的，也才會想到對方的優點，而感覺沒有對方是不行的，如此想要破鏡重圓，也比較容易。

人吃五穀雜糧，生活當中就有很大的壓力，難免都有不同的氣息與情緒反應，每一對夫妻都會有大小不同的缺點，只是大家心照不宣，都不說出來而已，若悶太久了，就會形成未來的爆發點，此時必要雙方能忍讓一下，把問題

拖延一段時間後，用時間來沖淡問題的癥結點，以時間換取空間，有時也會有圓滿結果的。

夫妻決裂之後尚能重新和好、破鏡重圓，也能重新再次結婚，這是很重要的一環；夫妻有「雙妻雙夫」以上命格者，必須如此才能有圓滿的結局，也不會讓兒女等親情無依，而叫了別人爸爸，也叫了別人媽媽，如果是這樣，你又於心何忍！

人世間能相處在一起就是「有緣」，夫妻雙方不管是好的，或是壞的姻緣結合，都必要把前世的因果來完成，甚至要做到完美無缺，才能通過今生的考試，如此下一世，才不會再牽纏在一起。

人世間無論是父母兒女、兄弟姐

妹、親人朋友之間，皆是一種相互的「情義、情感與情誼」，此三者造就人與人相互的圓融及相互的親近；你同哪一個人的善因緣比較深，就會有比較親近的動作，這就是「情義、情感、情誼」的相互結合，能把人世間所有的因果關係，做到最好的結局與圓滿，正是每一位人類眾生皆要有的基本動作，夫妻之間的情感也是一樣的。

再細思一下：夫妻之間是否比別人更為親近？此種比別人更親近的關係，會想到什麼問題？就是夫妻之間的坦誠相見，都沒有任何造作，也沒有任何假相，也沒有任何不滿，也沒有任何不足、欠缺及錯誤，凡事都能包容、善解。

如果對夫妻、兄弟姐妹、父母兒

女、親戚朋友、同事都能如此，那你今生今世可以言，就不會同任何人來結怨，也不會有不良的婚姻關係；其實，經常是自己要求太多，占有慾太強、支使慾太盛了，才造成夫妻雙方因為太親近，而產生很多很多的不良障礙。

　　大家能了知：夫妻雙方的結合就是如此，好好思惟吧！珍惜一生的幸福創造，會讓你有幸福的甜蜜，也有圓滿的家庭，以及良好的人際關係，願意試試看嗎？「願天下有情人終成眷屬，願天下眷屬皆是有情人」。

家庭的溫暖是為人父母的天職，
夫妻必修的功課！

中心十二德目

孝道百善之先

　　「孝道是人類的根本」：人道世界的「孝道傳承」，如何施行在人道世界之中，讓有情眾生能感受父母的恩澤，明白做兒女的「責任、權利、義務」，有菽水承歡，此就是人道眾生的根本，及必要知道的認知觀念。

　　「孝道之始於順親之暢」：每位子女皆是父母的心血結晶，沒有任何一位子女不是父母所愛護的，對父母的孝順是「孝之始、順之暢」；對父母的慈暉反哺孝順，不僅是人類生存的大倫，所有有情眾生，都是如此！

悌為和睦根本

「兄弟和睦，悌道根本」：每個家庭的結合，就以父母親所生的兒女來組成，未來也會有妯娌、連襟的親戚關係，也就是親情倫理的開始，才有人倫大道的依附。

「悌道根本，兄友弟恭」：兄弟的情誼，以妯娌作為根基；兄弟之間能否兄友弟恭？而謂之「和合」！兄友弟恭，妯娌和睦，兄弟姐妹因各人的權利、責任、義務不同，也就會有不同的立場，再加上認知觀念不同，解讀同一件事情，在各種不同見解與角度下，就會產生雙方不同價值觀，只要雙方能各退一步，也就可以海闊天空，對兄弟姐妹的情誼更是彌足珍貴。

「圓滿家庭的福星叫做好媳婦」：古往所謂「女人無才便是德」，無才並非真的無才，而是謙卑「好口氣」來請益婆婆，事情要怎麼做會比較好？婆婆自然就會教導，多問、多請益，慢慢的邊看邊學習，自然會有意想不到的受益，也要嘴巴甜一點，經常真心稱讚婆婆持家有方，相信幾次之後，不但你們婆媳倆之間的情感會增加很多，婆婆也不會再苛責。

忠乃不二之心

「忠」是以信實為主體依歸，對一件事情從頭到尾皆以不二之心來成全，將事情做到圓滿，在行事過程中，呈現出堅持的力道；「忠之道義」就是耿直不二心的情操。

「忠之道義」：別人所託付的事情，在自己的能力範圍中盡力完成，倘若自己能力不足，必須婉拒，避免造成自己允諾後，又難以完成，也就失卻了「信用」，再失卻「忠之道義」。

「忠道義氣的基本」：對事情中付出了多少，若沒有「忠義氣魄」的觀念與心態觀念克服問題，而是慶幸自己多一事不如少一事，如此想要上昇超越，那是不可能的！

信履重諾之行

「信用可靠，人之根本」：人無信不立，一個輕諾寡信之人，會害慘對方一生信用的敗壞；人與人之間的信賴，是建立在雙方能履行所約定的條件，並圓滿達成，如果雙方所訂定的條件，在過程中無法實行，或者到最後無法完成，都必須先同對方來溝通與言明，重新訂定時間與條件，給雙方能相互圓滿，也就不會產生「輕諾寡信」的不良行為。

禮重有別之儀

「禮」是端端正正的行為、規規矩矩的態度；有情世界對儒家的四非「非禮勿視、非禮勿聽、非禮勿言、非禮勿動」，此四非是讓眾生來施行，避免造成對人的不方便及失禮。

若人與人之間距離太近時，就缺少了禮儀，也會比較無禮儀的拘束，在外界觀感下，就是不三不四的舉動！假如是以禮儀來觀看，就欠缺那一份規規矩矩的態度。

人與人之間的禮儀，必須有相互規範，若是男女，則必須有別，也必須有規規矩矩的態度，亦不可太親近及太隨便的親暱；因為男女有別，長幼有序，不可過於隨便，才不會造成對個人態度

或別人家庭的風波；人道世界是以禮之行儀作規範，而有規規矩矩的態度，所以人類眾生也就是以禮之行儀，更對男女有所區別。

義理情誼相挺

「義」是正正當當的行為，「情」是相繫在一起的牽掛；義乃為一切情感作用的正道情誼，每一位有情眾生皆是一樣，只要是人就有情義與情感，可經由這種情誼來瞭解「父母、夫妻、兒女、兄弟、姐妹、眷屬等」，都是有這犧牲奉獻的情感，以及相互扶持、照顧情義的無私無為，能否讓夫妻雙方都一起來「夫妻同修、家庭圓滿、福澤後代」，一直是上天要求的基本規制。

在人道世界，我們有否付出義氣情感予他人？還是只有別人來付出義氣情感給我們？這是必要有義氣情感的維繫！在人與人之間，也是一種深厚的友誼，對義氣情感的相互相挺，是讓我們

來「相互支援、相互相挺、相互成全、相互提昇、相互扶持」，也就是累世所累積的「情義因緣」，來促成義氣情感的再結合。

廉節暗室不欺

「廉」是清清白白的作為，為人道生存的行為準則，暗室欺心神目電，古云「天知、地知、你知、我知」而謂四知；若要人不知，除非己莫為！

殊不知，人體的三尸神，就會清楚記錄所有的行為，也記錄在自己心田當中，也就是所謂之「良知良能」！如果以當今科技，對這良知良能，正是大家的「第八意識」，也就是由第八意識，來記憶我們自己當下的所作所為，而直接入於八識田中的IC微晶體中做印證。

加上了「天心鏡、仁心鏡、地心鏡」這三者，能由每一位眾生的IC微晶體，來知道起心動念是如何？此細節中又有「色澤、分數、密碼、能量」這四

種的分別，能夠清楚知道每一位有情眾生的所作所為，以及在起心動念之剎那間，早已分判未來的禍福是如何？

恥行禽獸無異

「恥乃自我行為的檢點」：恥是以耳傳心，有情眾生以耳傳於心，必會引心之啟動後，方有恥之心，恥之心人人皆有，而不會埋沒於羞恥心；人是有耳傳於心，合起來就是恥，而有「恥」之行事準則。

若無耳，就無法聽到別人對自己所言的不良行為，以耳之傳音，為心之啟動，正是合乎八識田中的第二識「耳識」，傳於心之啟動後，就是思考六識「意識」，來輸送第七識「末那識」，而引動了心念意識的傳呼，能知道自己的行為，有否合乎於廉恥之行為？此更是人之異於禽獸者，幾希也！

人類是有「陰陽、男女、乾坤、夫妻」共同組成一個家庭的圓滿，夫妻雙方不可逾越夫妻的行為準則；以諺語：「夫妻之間不可有二色」，夫妻雙方必須「男忠良、女貞節」，才能合乎夫妻圓滿之道。

智慧人間悟益

「智慧獲得是經驗累積」：「知識、經驗、智慧」此三者的相互結合，讓自己來受益，才叫作智慧的成長與獲得。

人道世界的行為，可以言「多聞」，將是未來會受益的成長，能獲得知識與經驗，更是可以具足智慧，應用對事情的處理，自然就有更大的受益與成長。

「智慧成就，了脫生死大事」：人道世界的起起伏伏、出將入相、高潮低潮、上台下台，宛如一齣戲的扮演而已！一生可以不受此局限，由人類世界的生存知識，瞭解人世間演化實相的過程，那已是真正有智慧提昇的大智慧

者，也不是一般人所說的：聰明人而已！這就是受益的增長。

　　有智慧的人必定是相當聰明，但聰明的人不一定有智慧！那聰明的人要如何有智慧？必要不斷的提昇求知欲，也要能見廣多聞，可由每一件事情的細微處，觀看問題的來龍去脈，更可由多方角度，明白不同方向，也能很清楚了知問題的癥結點在何處！

仁慈眾生天性

「有情眾生的仁慈德性」：人道世界的生活所需，正邁向更高道德的依附，而真正將仁慈德性，來散發在食物供給及謀生職業上；食物供給及謀生職業的連結，能讓有情眾生的仁慈散發，「仁慈」是一種美好的天性，惻隱之心人皆有之，再將惻隱之心昇華為「仁慈德性」，這就是有情眾生原本所具備「人之初、性本善」的基本因質。

「佛家所倡導的惜口福之德性」，能夠減少諸多殺生的行為，這值得讚賞！必須減少殺生，減少肉食，更能減少人類的動脈硬化，而吃素食是世界的環保趨勢；有情眾生對此惜口福的仁德，也能符合現在的公理條綱。

勇敢認錯修整

　　人道世界中，遇到事情之後只能硬著頭皮，勇敢承擔自己的錯誤、欠缺與不足。才能知道自己的無明障礙是在何處；能勇敢面對事情、處理事情，才是真正有作為、有擔當的人。

　　人生當中，經常會有諸多不如意與難以處理的事情，但必須要自己能勇於承擔，能在認錯之後記取教訓，而後不再犯相同錯誤。正是給自己有一種往上提昇「知識、經驗、智慧」的成長。

　　「勇敢承擔必要認錯修改」：在人道世界能成功者，皆是勇敢承擔的人，並且在修整錯誤之後，對自己無明障礙以及無知來記取教訓，就不會再重蹈覆轍；既然是錯誤了，「人非聖賢、孰能

無過，知錯能改、善莫大焉」，可言
「不二過」才是正道。

和合包融圓滿

「和合之道的基本」：全體互相合作、互相圓滿、互相團結，將所有事情條理分明、制度建立、分層負責，每個人應承當的職責要勇敢承受。能肯定別人所付出的一切，圓融自己、也圓融他人；在人際圓滿方面，要讓別人對您的全心付出，感覺到十分窩心；要知道一個真正的修持者，必須能圓滿自己、也圓滿他人，包融自己、也要包融他人，才是正道！

「和合之道的根本」：人道世界的不良作為，應該要好好的反省自己，因為人與人之間的相處，是一種相當微妙的關係，可以言：好與壞都是自己的認知來造成，也是自己不良行為所影響，

自己必須能對別人來圓滿與圓融，才是正道！

「生存群居的圓融和合」：人與人之間，必須能和睦相處，因為相處之道要相互成就、相互提昇、相互成全、相互鼓勵、相互圓滿、相互扶持；人與人之間的情感是相當微妙，您對人好，別人自然也會對您好；反之，您對人不好，別人自然也不會給您好眼色，相信每一位眾生，皆是喜歡別人的肯定與讚賞，自己要受人肯定，先要肯定別人的作為，別人也樂意同您交往，這樣才能相親相敬共事在一起。

智、仁、勇三達德，三者缺一不可；智無仁、勇必生奸巧，仁無智、勇則多是非，勇無智、仁易成傷害，此三者相輔相成，讓我們共同來圓滿之！

其他優良美德

除了「新三綱」與「中心十二德目」之外，尚有「溫、良、謙、恭、勤、儉、忍、讓」等人倫美德。

溫：是一個不卑不亢的基本作為，也是一種和善的表現；在人與人相處之過程中，若是有溫和的態度，雙方就沒有距離，也沒有敵意，會在溫和的氣氛下，造就很多良善因緣的成長。

良：是一種優秀的表現，也是一種高貴的品德；對良好品質的一切事務與物質，都是一種賞心悅目的基本欲求，也是優良的基本條件，相信每一個人都期望自己是大家喜歡親近的人。

謙：是一種內蘊而不顯耀己長；如果每個人都有謙和的態度，就會讓很多人喜歡同你在一起。人類眾生應對自己謙卑一些，但如果能力所及的話，也不可太過分的謙虛，避免造成自己又是太虛偽了，應讓自己才藝能有發揮的空間。

　　恭：是禮尊；人與人必須相互恭敬對方，才不會因為沒有禮節，而讓別人輕視是沒有品格之人，所以恭敬對待，是雙方應該有的基本條綱，尤其是越有成就者，就應越有恭敬的態度。

　　勤：是不懈怠的努力作為；勤勞對人道世界能有很大的助益，必要不怕被別人占便宜，在自己所付出的努力中，

雖然別人當下可能無法肯定你的付出，但你其實已經做到人世間的盡善盡美，對你一生所付出的，可以說是及格了。

儉：節省惜福，不浪費、不暴殄天物；必要了知「好天要積雨來糧」，要能珍惜當下所擁有的一切物資，以備未來不時之需，如此才能無虞匱乏，做未雨綢繆的準備，很多人都是如此節儉，才能有所積蓄的。

忍：忍受不合理的地方及暴戾事情，不同對方起爭執，而能有更大的圓滿；人與人爭執，往往是一種相互不良的惡事因果報應來討伐，對問題能退一步路，就有更大的寬廣空間，就能把因果討伐消弭，或是減到最低的程度。

讓：是一種相互的禮尊，也是對雙方能有禮讓的基本條件；讓，在當下是不能有很大的收益，但退讓一步，往往是給自己有更大的空間，而有更大的福報在後面，也可以減少很多無謂的糾紛及災難。

LOVE 心言新語

幸福家庭，從心而起~
「三綱、德目」引導我們走向
正確的幸福之路。

Date:

Focus:

月

星期一	星期二	星期三	星期四	星期五	星期六	星期日

※空白月曆，月份、日期皆可自填，隨時開始
規劃、記錄、提醒重要事項。

月

Date:

Focus:

星期一	星期二	星期三	星期四	星期五	星期六	星期日

Date: ....

月

Focus: ....

....

星期一	星期二	星期三	星期四	星期五	星期六	星期日

Date: _____

_____ 月

Focus: _____

星期一	星期二	星期三	星期四	星期五	星期六	星期日

月

Date:

Focus:

星期一	星期二	星期三	星期四	星期五	星期六	星期日

Date: ....

月

Focus: ....

星期一	星期二	星期三	星期四	星期五	星期六	星期日

Date:

Focus:

月

星期一	星期二	星期三	星期四	星期五	星期六	星期日

Date: ....

月

Focus: ....

星期一	星期二	星期三	星期四	星期五	星期六	星期日

月

Date: _____

Focus: _____

星期一	星期二	星期三	星期四	星期五	星期六	星期日

Date: ....

月   Focus: ....

星期一	星期二	星期三	星期四	星期五	星期六	星期日

月

Date: ....

Focus: ....
....

星期一	星期二	星期三	星期四	星期五	星期六	星期日

月

星期一	星期二	星期三	星期四	星期五	星期六	星期日

Notes

Notes

Notes

Notes

Notes

Notes

Notes

Notes

Notes

Notes

Notes

Notes

Notes

Notes

Notes

Notes

Notes

Notes

Notes

Notes

Notes

Notes

國家圖書館出版品預行編目資料

心三綱：幸福家庭記事錄／理心光明禪師 天音
傳真著作. --初版.--臺中市：白象文化，2018.2
　　面；　公分.——（活在心中；01）
ISBN 978-986-358-574-9（平裝）

1.民間信仰　2.家庭倫理

271.9　　　　　　　　　　　　　106020453

活在心中（01）

心三綱：幸福家庭記事錄

作　　　者	理心光明禪師 天音傳真著作
校　　　對	社團法人大道真佛心宗教會編輯小組
專案主編	徐錦淳
出版經紀	徐錦淳、林榮威、吳適意、林孟侃、陳逸儒、黃麗穎
設計創意	張禮南、何佳誼
經銷推廣	李莉吟、莊博亞、劉育姍、李如玉
營運管理	張輝潭、林金郎、曾千熏、黃姿虹
發 行 人	張輝潭
出版發行	白象文化事業有限公司
	402台中市南區美村路二段392號
	出版、購書專線：（04）2265-2939
	傳真：（04）2265-1171
印　　　刷	基盛印刷工場
初版一刷	2018年2月
定　　　價	119元

白象文化　印書小舖　出版・經銷・宣傳・設計
www.ElephantWhite.com.tw　自費出版的領導者　購書 白象文化生活館

【大道天書】

叢書系列B1~40+2

歡迎免費索取
+QR Code1

入會員線上閱讀
+QR Code2

第01冊—『大道心燈』

第02冊—『大道天德』

第03冊—『大道回歸』

第04冊—『大道真詮』

第05冊—『大道規範』

第06冊—『大道諦理』

第07冊—『大道佛心』

第08冊—『大道明心』

第09冊—『大道見性』

第10冊—『大道心法』

第11冊—『大道演繹』

第12冊—『大道有情』

第13冊─『大道一貫』

第14冊─『大道虛空』

第15冊─『大道無極』

第16冊─『大道昊天』

第17冊─『大道崇心』

第18冊─『大道燃燈』

第19冊—『大道光明』

第20冊—『大道真如』

第21冊—『大道天地』

第22冊—『大道先天』

第23冊—『大道德澤』

第24冊—『大道眾生』

第25冊－『大道因果』

第26冊－『大道綱常』

第27冊－『大道倫理』

第28冊－『大道天音』

第29冊－『大道同源』

第30冊－『大道唯識』

第31冊—『大道杏壇』

第32冊—『大道天下』

第33冊—『大道自性』

第34冊—『大道心宗』

第35冊—『大道真理』

第36冊—『大道一家』

第37冊—『大道秘法』

第38冊—『大道真佛』

第39冊—『大道宇宙』

第40冊—『大道文明』

《大道孝德行》

《大道悌弘興》